Obosa Eugenia Okougbo

Tecnologias emergentes e risco cibernético

Obosa Eugenia Okougbo

Tecnologias emergentes e risco cibernético

ScienciaScripts

Imprint

Any brand names and product names mentioned in this book are subject to trademark, brand or patent protection and are trademarks or registered trademarks of their respective holders. The use of brand names, product names, common names, trade names, product descriptions etc. even without a particular marking in this work is in no way to be construed to mean that such names may be regarded as unrestricted in respect of trademark and brand protection legislation and could thus be used by anyone.

Cover image: www.ingimage.com

This book is a translation from the original published under ISBN 978-620-7-46123-3.

Publisher:
Sciencia Scripts
is a trademark of
Dodo Books Indian Ocean Ltd. and OmniScriptum S.R.L publishing group

120 High Road, East Finchley, London, N2 9ED, United Kingdom
Str. Armeneasca 28/1, office 1, Chisinau MD-2012, Republic of Moldova, Europe
Printed at: see last page
ISBN: 978-620-7-20874-6

Emerging Technologies and cyber risk

Obosa Eugenia Okougbo

Índice

DEDICAÇÃO

Este livro é um trabalho de paixão, dedicação e a crença inabalável de que as pequenas empresas merecem um escudo no campo de batalha digital em constante evolução. É com imensa gratidão e humildade que dedico esta obra a mim próprio, reconhecendo o percurso, os desafios e as vitórias que moldaram a sua criação.

Ao dedicar este trabalho, estendo a minha mais profunda gratidão às inúmeras pessoas que moldaram o meu percurso - mentores, família, amigos e todos aqueles que acreditaram no poder das palavras para provocar a mudança. A vossa influência colectiva teceu-se no tecido destas páginas.

Que este livro seja não só um guia para as pequenas empresas, mas também um lembrete para mim próprio - um testemunho de perseverança, aprendizagem e capacidade de implementar soluções face aos desafios. Ao dedicar este livro a mim, celebro o percurso que me trouxe até aqui e o potencial que ele abre para os outros.

Com auto-apreciação e sentido de realização,

Obosa Eugenia Okougbo

1 Capítulo: INTRODUÇÃO E ABORDAGEM

O mundo pode estar a aproximar-se rapidamente da tempestade perfeita, com a intersecção de duas grandes tendências globais. Num momento de transição histórica, em que a ordem internacional pós-Segunda Guerra Mundial e pós-Guerra Fria está a sofrer uma erosão no meio de visões concorrentes da ordem mundial e de rivalidades geopolíticas renovadas, o mundo está também nas fases iniciais de uma transformação tecnológica sem precedentes. Este promete ser um período de mudança exponencial, o segundo - e muito mais perturbador - capítulo da revolução digital que começou com a Internet na década de 1990. Historicamente, a tecnologia geralmente corre à frente das instituições, regras e normas. No entanto, a extraordinária magnitude da mudança numa altura de desgaste e desordem institucional global pressagia uma lacuna particularmente perigosa na governação global com impacto nas economias, sociedades e no futuro da guerra.

Nas próximas duas décadas, a mudança impulsionada pela tecnologia será substancialmente maior do que na primeira revolução baseada nas TIC (tecnologias da informação e das comunicações), com profundas ramificações sociais, económicas e geopolíticas. Esta nova vaga é uma convergência de tecnologias, uma sinergia digital de inteligência artificial (IA), grandes volumes de dados (a nuvem), robótica, biotecnologia/biociências, impressão tridimensional (3D), fabrico avançado, novos materiais, quinta geração (5G) que alimenta a Internet das Coisas (IoT), nanoengenharia e nanofabricação e, no horizonte, a computação quântica. Trata-se de uma fusão cada vez mais densa das economias digital e física (designada "online-to-offline" ou O2O), que transforma os modelos de negócio, os transportes, os cuidados de saúde, as finanças, o fabrico, a agricultura, a guerra e a própria natureza do trabalho.

Em termos práticos, à medida que estas tecnologias forem sendo implantadas nas próximas décadas, provocarão uma mudança económica e geopolítica acelerada a partir da década de 2020. Por exemplo, utilizando a IA alimentada pela tecnologia 5G super-rápida (até cem vezes mais rápida do que a atual 4G), a Internet das Coisas (IoT) monitorizará e gerirá explorações agrícolas, fábricas e cidades inteligentes. O aumento da produtividade dos sensores ligados às TIC avisará o equipamento da fábrica que necessita de manutenção; monitorizará a utilização de energia nos edifícios; dará aos agricultores informações em tempo real sobre as condições do solo; manterá e operará veículos sem condutor; optimizará o desempenho da rede de energia; e monitorizará remotamente e diagnosticará a saúde dos indivíduos, com a edição de genes, a engenharia da morte de mosquitos portadores de malária e, talvez, a eliminação do ADN hereditário para eliminar doenças horríveis.1 No domínio da segurança nacional, a IA, o 5G e a IdC pressagiam mudanças radicais nas missões, desde a logística e a gestão de inventários até à vigilância e ao reconhecimento com drones aéreos e submarinos de todas as dimensões e com capacidades autónomas.

1.1   A revolução tecnológica emergente
O Presidente russo, Vladimir Putin, tinha em parte razão quando disse sobre a IA: "Quem se tornar o líder nesta esfera tornar-se-á o governante do mundo". Não se trata apenas de uma corrida no sentido em que o primeiro a cruzar a linha de chegada ganha, os outros perdem e o jogo termina. É um processo contínuo e evolutivo. Mas há uma importante vantagem de "pioneiro" para aqueles que estão a liderar o desenvolvimento da IA, particularmente a "aprendizagem profunda", que vai além do reconhecimento de padrões e utiliza redes neurais baseadas na forma como o cérebro funciona, com várias camadas de algoritmos, cada uma utilizando o resultado da camada anterior.

A observação de Putin captou a magnitude dos desafios e das oportunidades que se avizinham. Esta revolução tecnológica será um motor essencial do crescimento económico, da força global nacional e, por conseguinte, do estatuto geopolítico nas próximas décadas. A capacidade das nações para inovar e/ou adaptar e absorver as tecnologias emergentes nas suas economias desempenhará um papel importante na determinação do seu destino económico e da sua posição geoestratégica. Tal como aconteceu com a máquina a vapor na primeira Revolução Industrial, estas tecnologias emergentes podem alterar o equilíbrio global de poder. Ironicamente, o próprio tecno-nacionalismo impulsionado pela competição entre grandes potências prejudicará a inovação em geral, que prospera com a abertura, a transparência e a colaboração científica global. Neste universo económico emergente, os dados são cada vez mais uma fonte fundamental de valor económico. O especialista americano em política tecnológica Alec Ross descreve os dados como a "matéria-prima" da nova Revolução Industrial. Todos os dias, 5,5 mil milhões ou mais de pesquisas são feitas através do Google, dois triliões por ano.5 Noventa por cento dos dados digitais do mundo foram criados desde 2016, e prevê-se que essa quantidade aumente cerca de 50% ao ano.6 A nuvem deu um enorme poder de computação aos 4,57 mil milhões de pessoas em todo o mundo com acesso à Internet.

Nem o ritmo nem o âmbito das novas tecnologias implantadas serão uniformemente distribuídos ou previsivelmente lineares na implantação, mas antes ocorrerão em explosões à medida que as novas tecnologias forem comercializadas e agrupadas geograficamente. Por exemplo, 74% dos cerca de três milhões de robôs industriais vendidos estão concentrados em apenas cinco países: Japão, China, Estados Unidos, Alemanha e Coreia do Sul.8 Existem padrões semelhantes nas concentrações globais e nacionais (por exemplo, nos Estados Unidos, Silicon Valley, Nova Iorque e Boston; na China, Pequim, Shenzhen e Xangai) de capital de risco e na geografia dos artigos científicos publicados. Essa vantagem pode acelerar em resultado da concentração de cientistas, engenheiros e tecnólogos nesses locais tecnocêntricos. Este tem sido o padrão relativamente à geografia da inovação nos Estados Unidos, e está a ocorrer também a nível global.

Isto pressagia uma hierarquia tecnológica entre as nações, bem como um aumento da desigualdade no seio das nações, à medida que os empregos pouco qualificados - e cada vez mais os empregos de colarinho branco -

são automatizados, substituídos por robôs e aplicações com tecnologia AI: trabalho físico redundante; condutores de automóveis, camiões, autocarros e táxis; investigação jurídica, etc. As nações do escalão superior - lideradas pelos Estados Unidos e pela China - estão bem posicionadas em todo o espetro das tecnologias emergentes para as vantagens económicas e geoestratégicas que provavelmente se acumularão para aqueles que estiverem na vanguarda da inovação.

Isto reflecte-se no domínio global em AI das sete principais empresas americanas e chinesas: Amazon, Google, Facebook, Microsoft, Alibaba, Baidu e Tencent.

Algumas nações mais pequenas - Israel, Singapura e Suécia, entre outras - têm uma capacidade de inovação tecnológica muito superior ao seu peso. Todos estes países têm sido líderes na inovação tecnológica. Grande parte do software para veículos autónomos é de origem israelita; para a Suécia, o Skype, o Spotify e a Ericsson são raros ícones europeus da tecnologia global. Todos estes países estão a investir fortemente na IA e nas tecnologias conexas. Nesta nova economia do conhecimento, em que os dados são uma matéria-prima essencial, dispor do tipo de dados relevante e de um vasto conjunto de competências técnicas - e não a dimensão física - será o principal motor da geoeconomia, ou geotecnologia, do futuro.

As novas plataformas transformaram os modelos de negócio, passando da posse à utilização, ou seja, a cultura empresarial da "partilha". Por exemplo, a Uber, a maior empresa de transportes do mundo, não possui automóveis; a Amazon, a maior loja do mundo, tem poucas lojas físicas. A mais pequena empresa em fase de arranque tem acesso a mercados globais. Os telemóveis tornaram-se omnipresentes, com cerca de cinco mil milhões em todo o mundo, permitindo que os países em desenvolvimento ultrapassem gerações de tecnologia. Os pagamentos móveis chineses atingiram cerca de 41,5 biliões de dólares - mais do que no resto do mundo em conjunto - liderados não por bancos, mas por aplicações fintech (tecnologia financeira) do Alibaba e do TenCent.10 Se a China é a primeira sociedade sem dinheiro (com a Índia não muito atrás), a pequena Estónia tornou-se o primeiro governo do mundo totalmente digitalizado.11

À medida que a tecnologia se antecipa aos governos nacionais e às instituições internacionais, esta velocidade exponencial de mudança cria enigmas preocupantes. Irão os robots substituir os humanos, trabalhar ao seu lado e/ou criar novos empregos? Deverão ser proibidas as armas totalmente autónomas - aquelas que escolhem quem matar e quando, sem envolvimento humano? O medo sinistro dos filmes de ficção científica, um "cenário Exterminador" em que máquinas super inteligentes dominam os humanos, está no topo da lista de receios levantados por cientistas e tecnólogos de renome, como Elon Musk e o falecido Stephen Hawking. Ainda não existem máquinas com uma inteligência geral próxima ou superior à dos humanos, nem é provável que venham a existir num futuro previsível. No entanto, os avisos de vozes tão proeminentes sugerem que isso pode ser possível, embora a muitas décadas de distância.

No domínio da segurança nacional, as tecnologias emergentes que utilizam a IA (incluindo os drones de seleção, vigilância e enxameação, bem como os veículos hipersónicos e possíveis sistemas de armas totalmente autónomos) estão a transformar o futuro da guerra de uma forma que os planeadores estratégicos têm dificuldade em compreender. Ao mesmo tempo, estas tecnologias - especialmente as armas autónomas - levantam questões morais e éticas difíceis.

1. 2 A computação quântica e o sistema financeiro: Ação assustadora à distância?

A revolução quântica está em curso, com o ritmo das inovações a acelerar nos últimos anos. O exemplo mais notável e muito discutido da tecnologia quântica é a computação quântica - a utilização da física quântica para efetuar cálculos que são intratáveis mesmo para os mais poderosos supercomputadores clássicos actuais e futuros.[1]

As principais empresas tecnológicas já desenvolveram protótipos funcionais de computadores quânticos e facultaram o seu acesso aos

---

[1] Na literatura sobre computação quântica, os computadores que processam a informação de acordo com as leis clássicas da física são designados por computadores clássicos, por oposição aos computadores quânticos

investigadores através dos seus serviços de computação em nuvem. Em todo o mundo, estão em curso dezenas de projectos conhecidos, desde grandes empresas a startups e universidades, para construir sistemas quânticos utilizando diferentes tecnologias de base. Se um deles ultrapassar os actuais obstáculos tecnológicos e criar um computador quântico totalmente funcional ou encontrar uma forma de utilizar os modelos existentes para resolver tarefas computacionais práticas que ultrapassam os limites dos computadores convencionais, isso terá implicações profundas.

A computação quântica tem o potencial de transformar a economia global e o sector financeiro, acelerando a descoberta científica e a inovação. Os computadores quânticos totalmente funcionais - quando aparecerem - deverão revolucionar as indústrias e os domínios que exigem um poder de computação significativo para simulações e optimizações demasiado complexas para os computadores convencionais. Para o sistema financeiro, as máquinas quânticas podem reduzir significativamente o tempo necessário para analisar posições de risco complexas ou efetuar simulações de Monte Carlo, bem como aumentar a sua precisão. A computação quântica pode também acelerar a aprendizagem automática e a inteligência artificial.
Para além da computação, as tecnologias quânticas dão origem a novas formas de transmissão de dados rápida e segura (ou seja, a Internet quântica), que tem computadores. No presente documento, utilizamos indistintamente os termos computadores *clássicos, convencionais, digitais* e *tradicionais*.

foi testada com êxito e, pelo menos em teoria, será inquebrável. Outra perspetiva a longo prazo é a criptografia quântica, que poderá melhorar a cibersegurança.
No entanto, os computadores quânticos também quebrariam muitos algoritmos criptográficos que estão na base da cibersegurança atual. Os algoritmos que permitem a segurança do sistema financeiro, incluindo as

comunicações via Internet, as transacções bancárias móveis, as moedas digitais e as tecnologias de livro-razão distribuído, poderiam tornar-se obsoletos ou exigiriam uma atualização significativa. Para algumas aplicações, poderá ser já demasiado tarde devido aos riscos retroactivos apresentados pelos computadores quânticos, uma vez que qualquer informação considerada segura hoje em dia pode ser capturada e armazenada, e depois decifrada quando forem criados computadores quânticos eficientes. De facto, quase todas as mensagens pessoais ou financeiras cifradas enviadas e gravadas hoje podem ser decifradas por um computador quântico potente no futuro. A maioria das instituições financeiras e dos reguladores ainda não interiorizaram estes novos riscos.

2 Capítulo: O que é a computação quântica

A computação quântica é um subcampo da ciência da informação quântica - incluindo redes quânticas, deteção quântica e simulação quântica - que aproveita a capacidade de gerar e utilizar bits quânticos, ou qubits.

Os computadores quânticos têm o potencial de resolver certos problemas muito mais rapidamente do que os computadores convencionais ou outros computadores clássicos. Utilizam os princípios da mecânica quântica para efetuar múltiplas operações em simultâneo de uma forma que é fundamentalmente diferente da dos computadores clássicos. Embora não seja provável que os computadores quânticos venham a substituir os computadores clássicos, existem duas propriedades-chave dos qubits que alteram fundamentalmente a forma como os computadores quânticos armazenam e manipulam os dados em comparação com os computadores clássicos:

1. **Superposição:** a capacidade de uma partícula estar em vários estados diferentes ao mesmo tempo.

2. **Emaranhamento:** a capacidade de duas partículas partilharem informação mesmo à distância.

Para concetualizar estas propriedades, imagine uma moeda que tem dois estados - cara ou coroa. Essa moeda representa bits tradicionais. Se a moeda fosse rodada, seria cara e coroa ao mesmo tempo (sobreposição). Se se fizesse girar um par de duas moedas emaranhadas, o estado de uma mudaria instantaneamente o estado da outra (emaranhamento). A sobreposição e o emaranhamento permitem que um grupo ligado de qubits tenha um poder de processamento significativamente maior do que o mesmo número de bits binários.

No entanto, os qubits também estão sujeitos a decoerência, um processo em que a interação entre os qubits e o seu ambiente altera o estado do computador quântico, fazendo com que a informação do sistema se escape ou se perca. Pode imaginar-se a mesa sob a moeda a girar a abanar e a moeda a ser derrubada. Para que um computador quântico possa efetivamente efetuar cálculos, é necessário que a coerência seja preservada. O ruído no sistema, causado por vibrações, alterações de temperatura e até mesmo raios cósmicos, conduz a erros nos cálculos de um computador quântico. É possível resolver este problema executando um algoritmo de correção de erros quânticos (QEC) num computador quântico para criar redundância, mas o processo consome muitos recursos. A interação entre a correção de erros e a decoerência é o fator determinante mais forte para saber quando será construído um computador quântico de grande escala e ciber-relevante.

Atualmente, o objetivo da investigação sobre a computação quântica é construir um sistema de computadores quânticos estável e coerente e, ao mesmo tempo, desenvolver novas aplicações para estes dispositivos. Embora seja pouco provável que os computadores quânticos venham a ser úteis como substitutos directos dos computadores clássicos, poderão resolver certos problemas que são praticamente impossíveis para os computadores clássicos actuais. Tal como as unidades de processamento gráfico (GPU) aceleram tarefas específicas nos computadores actuais, as unidades de processamento quântico (QPU) farão o mesmo. A comunidade da computação quântica já identificou uma série de problemas nas áreas da ciência dos materiais, biofísica e química, aprendizagem automática e inteligência artificial que terão soluções transformadoras impulsionadas pelos computadores quânticos.

Dado o potencial de impacto da computação quântica, os Estados Unidos, a União Europeia, a China, o Japão e outros países estão a fazer investimentos significativos na computação quântica, bem como nos domínios conexos da comunicação quântica e da deteção quântica. As universidades de investigação e as empresas tecnológicas fizeram progressos notáveis no hardware, software e algoritmos subjacentes aos computadores quânticos, bem como nos domínios em que a computação quântica pode ser aplicada.

Aplicações de computação quântica

O potencial teórico dos computadores quânticos é significativo e abrangente. Muitos domínios poderiam beneficiar das vantagens computacionais de resolver problemas de uma forma completamente diferente da dos computadores clássicos. As principais propriedades dos qubits acima ilustradas tornam os computadores quânticos muito bons em problemas gerais de otimização e em problemas relacionados com a compreensão de moléculas complexas. Segue-se uma lista ilustrativa das formas como os computadores quânticos poderão abordar as questões e desafios actuais:

- Utilizar a simulação molecular para melhorar as baterias dos veículos eléctricos[4]

- Analisar e comparar compostos que possam levar ao desenvolvimento de novos medicamentos[5]
- Otimizar os fluxos de tráfego numa cidade[6]
- Melhorar os modelos generativos que criam conjuntos de dados para treinar melhores algoritmos de aprendizagem automática[7]
- Desencriptar dados protegidos com encriptação de chave pública[8]

Embora estas diversas aplicações sejam, sem dúvida, fundamentais para o crescimento económico e a competitividade global a longo prazo, a capacidade disruptiva de um computador quântico para quebrar a atual criptografia de chave pública continua a ser um dos maiores desafios. Além disso, é provável que haja uma variedade de mudanças, riscos e oportunidades adicionais na cibersegurança aplicada, à medida que tanto os adversários como os defensores desenvolvem capacidades de computação quântica e revêem as suas infra-estruturas e práticas para ter em conta as mudanças. Passamos agora a analisar estes impactos e a considerar potenciais vias para melhorar os resultados.

2.1 Impactos da computação quântica na cibersegurança Encriptação atual

Existem dois tipos principais de encriptação digital utilizados atualmente:

- **Encriptação simétrica:** O emissor e o recetor têm chaves digitais idênticas para encriptar e desencriptar dados. Os algoritmos criptográficos simétricos actuais são considerados relativamente seguros contra ataques de computadores quânticos.

- **Encriptação assimétrica (de chave pública):** Uma chave disponível publicamente encripta mensagens para um destinatário que possui uma chave privada para a descodificação. Os métodos de criptografia de chave pública, como o RSA e a criptografia de curva elíptica, utilizam funções algorítmicas de alçapão para criar chaves que são relativamente fáceis de calcular numa direção, mas muito difíceis de serem decifradas por um computador clássico.

2.2 Algoritmo de Shor

A computação quântica irá acelerar a capacidade de desencriptar informações protegidas pelas actuais técnicas de encriptação de chave pública. A atual encriptação de chave pública baseia-se no facto de um computador clássico poder multiplicar facilmente grandes números primos, mas não conseguir inverter esse cálculo sem milhares de anos de processamento. Em 1994, Peter Shor teorizou que um computador quântico de grandes dimensões e tolerante a falhas poderia encontrar os factores primos de números inteiros numa fração de tempo. Isto tornaria obsoletos muitos dos actuais padrões de encriptação comuns.

No entanto, esta capacidade está, por enquanto, fora do alcance. Os computadores quânticos criptograficamente relevantes estão provavelmente à escala de 1 000 a 10 000 bits quânticos com correção de erros (que, por sua vez, requerem cerca de 1 000 qubits físicos por qubit com correção de erros) e, até à data, os maiores computadores quânticos funcionais variam entre 50 e 60 qubits sem correção de erros. Estima-se que o desenvolvimento de um computador quântico que possa comprometer o RSA 2048 ou uma encriptação de chave pública comparável esteja a mais de uma década de distância.

2.3 Criptografia resistente ao quantum

Embora o risco para as normas de cifragem actuais esteja provavelmente a mais de uma década de distância, as implicações para a segurança nacional, as comunicações civis e os dados armazenados são significativas. Muitos sistemas e processos, como as assinaturas digitais, as comunicações, o comércio eletrónico e a identidade digital, baseiam-se em mecanismos que seriam vulneráveis se a cifragem assimétrica fosse quebrável. Todas as indústrias e sectores serão afectados. Isto coloca um enorme problema aos governos que tentam proteger os segredos de Estado, bem como às empresas responsáveis pela proteção dos dados dos clientes e dos utilizadores.

Felizmente, no final dos anos 2000, os investigadores descobriram protocolos criptográficos para a criptografia de chave pública que parecem ser resistentes à descodificação por um computador quântico. No entanto, são necessárias décadas para desenvolver uma encriptação resistente ao quantum e fazer a transição para um novo protocolo de segurança. Como os prazos para o desenvolvimento de computadores quânticos e a mitigação de ameaças quânticas são igualmente longos e incertos, é fundamental que os EUA priorizem o desenvolvimento, a padronização e a implantação de criptografia resistente ao quantum. O governo e a comunidade empresarial devem ser proactivos, em vez de reactivos, para que estejamos preparados para o momento em que o potencial teórico dos computadores quânticos se torne realidade.

Em 2016, o Instituto Nacional de Normas e Tecnologia (NIST) iniciou um processo para solicitar, avaliar e normalizar algoritmos criptográficos resistentes ao quantum. Em julho de 2020, o grupo foi reduzido para nove candidatos a encriptação de chave pública e seis candidatos a algoritmos de assinatura digital. O objetivo é identificar um ou mais algoritmos de criptografia que podem ser usados por computadores clássicos e são "capazes de proteger informações confidenciais do governo em um futuro previsível, inclusive após o advento dos computadores quânticos".[10] Prevê-se que o processo de normalização esteja concluído em 2022, altura em que os fornecedores poderão iniciar o processo de implantação que durará uma década.

Um desafio no desenvolvimento da encriptação resistente ao quantum é o facto de não existir um computador quântico suficientemente grande e tolerante a falhas para testar a resistência de um algoritmo a um ataque quântico. Este é um problema criptográfico que não é exclusivo da criptografia quântica - a segurança de um algoritmo não pode ser provada e deve continuar a ser avaliada ao longo do tempo. Os métodos de teste continuarão a melhorar, mas serão necessários anos para ratificar a segurança de um algoritmo resistente ao quantum.

Outro desafio é o da eficiência. Os sistemas de cifragem quântica são mais intensivos do ponto de vista computacional (devido à dimensão da chave pública, à dimensão da assinatura, à velocidade dos algoritmos de cifragem e de decifragem, à velocidade do algoritmo de geração de chaves, etc. [11]) do que os actuais sistemas de cifragem. Os utilizadores sentem-se frequentemente à vontade para utilizar serviços menos seguros mas de maior velocidade, o que constitui um obstáculo à adoção da cifragem resistente ao quantum.

Além disso, existem preocupações substanciais em termos de equidade e energia se os requisitos de criptografia resistente à quântica aumentarem drasticamente o custo da Internet e das transacções comerciais conexas.

Criptografia quântica

A criptografia quântica é distinta da criptografia resistente à quântica. Enquanto a criptografia resistente ao quantum se refere a um novo conjunto de algoritmos criptográficos clássicos, a criptografia quântica utiliza as propriedades da mecânica quântica como base de segurança. A distribuição quântica de chaves (QKD) pode ser utilizada para proteger as comunicações quânticas através de satélites e fibras ópticas de longo percurso.

Teoricamente, o QKD cria um nível de sigilo que impede os espiões, uma vez que qualquer tentativa de interferência ou espionagem pode ser facilmente detectada. Este facto pode aumentar significativamente a segurança das redes e comunicações, uma vez que é um dos poucos métodos que pode ser "comprovadamente seguro". No entanto, a NSA não recomenda atualmente a utilização do QKD devido às seguintes limitações técnicas:[13]

- O QKD não autentica a fonte de transmissão
- QKD requer hardware especial
- O QKD aumenta os custos das infra-estruturas e os riscos de ameaças internas
- A segurança e a validação do QKD são um desafio
- QKD aumenta o risco de negação de serviço

É provável que estes sistemas sejam frágeis, lentos e mais caros. Além disso, existem muitas vulnerabilidades potenciais ao longo da cadeia de segurança que a criptografia quântica não pode resolver. Muitas vezes, os piratas informáticos preferem identificar vulnerabilidades na periferia de um sistema, em vez de o atacar diretamente. Mesmo que uma chave seja protegida por QKD, a rede de routers, repetidores e hubs oferecem potenciais pontos de vulnerabilidade.

A China investiu significativamente em QKD utilizando redes de fibra ótica terrestres e ligações satélite-terra (ver caixa na página 17). Os EUA, o Japão, o Canadá, a União Europeia e outros países também investigam a QKD, mas têm tendência para concentrar mais investimentos na computação quântica. Embora a investigação teórica e experimental sobre criptografia quântica continue a avançar, necessitaremos de criptografia resistente à quântica para proteger a maioria dos dispositivos.

3 Capítulo: POTENCIAIS BENEFÍCIOS DA COMPUTAÇÃO QUÂNTICA

Os computadores quânticos podem transformar o sistema financeiro, uma vez que podem resolver muitos problemas de forma consideravelmente mais rápida e precisa do que os computadores clássicos mais potentes. A simulação, a otimização e a aprendizagem automática (ML) são três áreas em que os computadores quânticos podem ter uma vantagem sobre os computadores clássicos:

- **Simulações:** Métodos baseados em Monte Carlo. A utilização de simulações pelo sector financeiro é omnipresente. Por exemplo, os métodos de Monte Carlo são utilizados para determinar o preço dos instrumentos financeiros e para gerir os riscos. No entanto, as simulações de Monte Carlo são computacionalmente intensivas, levando frequentemente a compromissos entre exatidão e eficiência. A computação quântica poderia efetuar simulações como a determinação de preços e a gestão de riscos quase em tempo real, sem necessidade de partir de pressupostos irrealistas para simplificar os modelos.

- **Modelos de otimização.** As instituições financeiras efectuam diariamente uma miríade de cálculos de otimização. Por exemplo, para determinar a melhor estratégia de investimento para uma carteira de activos, afetar capital, gerir dinheiro em redes de ATM ou aumentar a produtividade. Alguns destes problemas de otimização são difíceis, ou mesmo impossíveis, de resolver pelos computadores tradicionais. São utilizadas aproximações para resolver os problemas num período de tempo razoável. Os computadores quânticos poderiam efetuar optimizações muito mais precisas numa fração de tempo, sem necessidade de recorrer a aproximações.

- **Métodos de aprendizagem automática (ML),** incluindo redes neuronais e aprendizagem profunda. As instituições financeiras estão a utilizar cada vez mais a aprendizagem automática. Os exemplos incluem a estimativa do nível de risco dos empréstimos através da pontuação de crédito e a deteção de fraudes, encontrando padrões que se desviam do comportamento normal. No entanto, essas tarefas de ML enfrentam a maldição da dimensionalidade. O tempo necessário para treinar um algoritmo de ML em computadores clássicos aumenta exponencialmente com o número de dimensões consideradas. Mesmo que o computador clássico possa lidar com estas tarefas, demoraria demasiado tempo. Os computadores quânticos têm o potencial de superar os algoritmos clássicos através da aceleração das tarefas de ML (aceleração quântica), permitindo-lhes lidar com análises mais complexas, aumentando simultaneamente a precisão.

- **Para além das finanças,** a computação quântica tem o potencial de ser um catalisador para a descoberta e inovação científicas. Uma aplicação importante da computação quântica é a dos modelos de física das partículas, que são muitas vezes extraordinariamente complexos e exigem grandes quantidades de tempo de computação para a simulação numérica. Os computadores quânticos permitiriam modelizar com precisão as interacções moleculares e encontrar configurações óptimas para as reacções químicas. Podem transformar áreas como o armazenamento de energia, a engenharia química, a ciência dos materiais, a descoberta de medicamentos e vacinas, a simulação, a otimização e a aprendizagem automática. Especificamente, isto permitiria a conceção de novos materiais, como baterias leves para automóveis e aviões, ou novos catalisadores que possam produzir fertilizantes de forma mais eficiente - um processo que atualmente é responsável por mais de 2% das emissões mundiais de carbono. Os computadores quânticos poderão também melhorar as previsões meteorológicas, otimizar as rotas de tráfego e as cadeias de abastecimento e ajudar-nos a compreender melhor as alterações climáticas.
- **Para além da computação,** as tecnologias quânticas dão origem a novas formas de transmissão, armazenamento e manipulação de

dados. As redes quânticas podem transmitir informações sob a forma de qubits emaranhados entre processadores quânticos remotos de forma quase instantânea (teletransporte quântico) e segura, utilizando a distribuição de chaves quânticas (QKD). Até há pouco tempo, essas redes só podiam funcionar em condições laboratoriais, mas as experiências confirmaram a sua viabilidade para comunicações seguras a longa distância. Além disso, os dados podem ser transmitidos sem fios através de satélites quânticos no espaço. Os cientistas chineses conseguiram transmitir dados através de um satélite quântico lançado em 2016 entre uma estação terrestre móvel em Jinan (no nordeste da China) e uma estação fixa em Xangai. O banco ICBC e o Banco Popular da China estão a utilizar o QKD baseado em satélites para o intercâmbio de informações entre cidades distantes, como Pequim e Urumqi, no extremo noroeste. Nos Países Baixos, uma equipa da Universidade de Tecnologia de Delft está a construir uma rede que liga quatro cidades com tecnologia quântica. A equipa demonstrou que pode enviar partículas quânticas emaranhadas a longas distâncias. Nos Estados Unidos, uma equipa de

Um consórcio de grandes instituições liderado pelo Caltech demonstrou o teletransporte quântico sustentado e de alta fidelidade a longas distâncias. Conseguiram o teletransporte bem sucedido de qubits através de 44 quilómetros de fibra em dois bancos de ensaio: a Rede Quântica do Caltech e a Rede Quântica do Fermilab. Outra área promissora é a dos dispositivos de deteção quântica. Foram registados avanços no radar quântico, na imagiologia, na metrologia e na navegação, o que permitiria uma maior precisão e sensibilidade. Por exemplo, a medicina começou a colher os benefícios dos sensores quânticos, revolucionando a deteção e o tratamento de doenças. Nos Estados Unidos, a Agência de Projectos de Investigação Avançada da Defesa (DARPA) está a executar o programa Quantum-Assisted Sensing and Readout (QuASAR). Com base em técnicas de controlo e leitura estabelecidas na física atómica, pretende-se desenvolver um conjunto de dispositivos de medição que poderão ter aplicação nas áreas da imagiologia biológica, navegação inercial e sistemas robustos de posicionamento global.

4 Capítulo: RISCOS POTENCIAIS DA COMPUTAÇÃO QUÂNTICA

Embora a computação quântica tenha um enorme potencial para beneficiar a sociedade, traz consigo novos riscos e desafios. O enorme poder de computação das máquinas quânticas ameaça a criptografia moderna, com implicações de grande alcance para a estabilidade financeira e a privacidade. Os computadores quânticos podem resolver o que é conhecido na teoria da complexidade como problemas matemáticos difíceis exponencialmente mais depressa do que os supercomputadores clássicos mais potentes, tornando potencialmente obsoletas as principais normas criptográficas actuais. Em particular, a computação quântica tem o potencial de tornar obsoleta a criptografia assimétrica (criptografia de chave pública), reduzindo simultaneamente a força de outras chaves criptográficas e hashes. A criptografia atual baseia-se em três tipos principais de algoritmos: chaves simétricas, chaves assimétricas (públicas) e funções de hash algorítmico, ou hashing (ver Anexos III e IV para mais descrições). Estes algoritmos criptográficos, na sua maioria, têm tido a vantagem de manter a segurança necessária para proteger os dados, fornecer controlos de integridade e assinaturas digitais. São geralmente considerados seguros e inquebráveis com o hardware e as técnicas de criptanálise mais avançados da atualidade, utilizando computadores convencionais.

Com a encriptação de chave simétrica, um atacante precisa de encontrar a chave secreta partilhada entre o remetente e o destinatário para desencriptar a mensagem cifrada, como se mostra na Figura 1 (painel superior). Inversamente, com a encriptação de chave pública, o atacante precisa de encontrar a chave privada dos receptores, conhecendo a sua chave pública, para desencriptar a mensagem (painel do meio). Os algoritmos de encriptação assimétrica são amplamente utilizados para proteger as comunicações através da Internet. Ataques bem sucedidos contra estes algoritmos criptográficos padrão comprometeriam as ligações seguras, pondo em risco a segurança dos serviços bancários, de comércio eletrónico e outros. Com as funções de hash (painel inferior), um atacante tentaria encontrar uma colisão de hash para fazer corresponder o resumo de saída com uma entrada diferente e criada, permitindo produzir resumos de autenticação falsificados para transacções ou documentos.

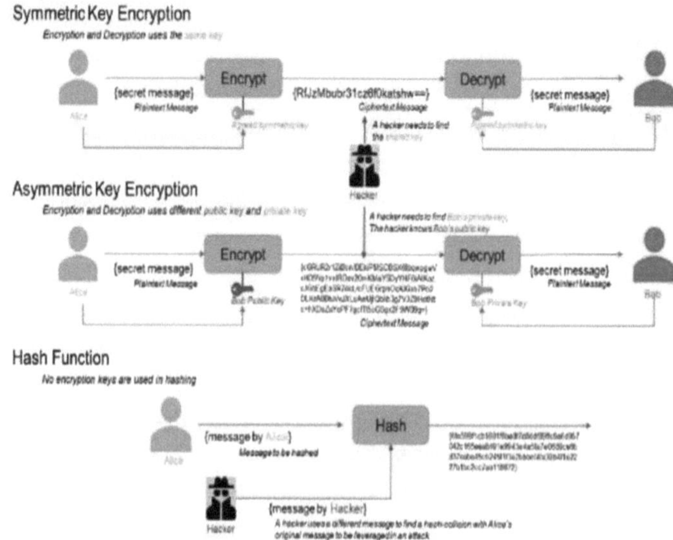

Figura 1: Tipos de algoritmos criptográficos

Os riscos da computação quântica variam consoante os tipos de algoritmos criptográficos:

- Acredita-se que **a criptografia simétrica,** sob certas condições, seja resistente ao quantum. As normas de segurança actuais recomendam a utilização do algoritmo AES com chaves de 256 bits para a encriptação simétrica. Conhecido como AES 256, este algoritmo é amplamente utilizado para múltiplos fins, como a proteção de sítios Web da Internet ou de redes sem fios. Um atacante teria de tentar 2256 combinações para quebrar uma chave AES de 256 bits utilizando a força bruta, um esforço que exigiria um período de tempo de mais de 7 mil milhões de anos para ser executado por um supercomputador clássico, metade da idade atual do universo. Um computador quântico pode reduzir para metade a complexidade de quebrar uma chave de encriptação simétrica, por exemplo, utilizando o algoritmo de Grover . No entanto, teria ainda de funcionar durante milhões de anos para quebrar uma única chave AES utilizando os métodos conhecidos. Isto leva a maioria dos especialistas a acreditar que esse algoritmo é, por enquanto, resistente ao quantum, assim como outros métodos de encriptação simétrica de natureza semelhante.

- Acredita-se também que **as funções de hashing** sejam resistentes ao quantum em determinadas condições. O hashing gera códigos únicos de tamanho fixo de acordo com entradas arbitrárias. São utilizadas para validar informação e são utilizadas em vários métodos criptográficos para diversos fins, como a validação de informação ou a geração de códigos de autenticação. A sua novidade reside na quase impossibilidade de os reverter. Dado um determinado código hash, seriam necessários milhares de anos para produzir entradas que gerassem o mesmo código (a isto chama-se um ataque de colisão). Tal como acontece com a criptografia simétrica, utilizando o algoritmo de Grover, um computador quântico poderia reduzir o tempo para inverter uma função de hash de 2n para 2n/2, sendo n o número de bits utilizados para a saída do hash. Por conseguinte, as funções de hash mais longas, como a família SHA-3, que normalmente geram saídas de 256 bits, são consideradas seguras do ponto de vista quântico e espera-se que continuem a ser normas aprovadas por enquanto.

- **As chaves públicas (ou assimétricas)**, no entanto, podem tornar-se obsoletas com a computação quântica. Teoricamente, um computador quântico em pleno funcionamento pode quebrar uma chave assimétrica em poucas horas, utilizando o algoritmo de Shor e optimizações relacionadas. Além disso, os investigadores acreditam que os avanços na computação quântica atingirão um nível de otimização que permitirá aos computadores quânticos decifrar as chaves públicas actuais em menos tempo do que o necessário para as gerar utilizando computadores digitais. Os protocolos críticos subjacentes à segurança dos dados digitais e das comunicações do sector financeiro dependem fortemente da criptografia de chave pública. Na era da Internet, as chaves públicas visam a realização de serviços críticos de segurança subjacentes ao sector financeiro. Estes serviços incluem (i) autenticação/autorização (a capacidade de corroborar a identidade de uma parte que originou determinados dados, transacções ou participa num protocolo);

(ii) privacidade/confidencialidade (a capacidade de garantir que indivíduos não autorizados não possam aceder a dados protegidos); e (iii) integridade (a capacidade de saber que os dados não foram alterados). Por exemplo, os certificados digitais e as assinaturas digitais actuais baseiam-se em chaves assimétricas. Estes serviços críticos de segurança que apoiam o sector financeiro seriam comprometidos por um computador quântico suficientemente potente, ameaçando informações sensíveis geridas e comunicadas por instituições financeiras e bancos centrais. Simplificando, um atacante que consiga falsificar assinaturas pode efetivamente gastar os fundos de outras pessoas ou fazer-se passar por qualquer entidade.

1.   **Banca em linha/móvel.** Utilizando um computador quântico, um atacante pode comprometer as chaves públicas dos protocolos normalizados da Internet e escutar as comunicações entre os utilizadores e as instituições financeiras. Além disso, um atacante pode comprometer os sistemas de autenticação e autorização, quer se trate de um sistema financeiro baseado em chaves de sessão ou em chaves públicas, para produzir transacções falsas. Além disso, no caso das moedas digitais do banco central (CBDC) e das redes de cadeias de blocos, os atacantes podem extrair chaves de carteira válidas de registos publicamente disponíveis, o que lhes permite apropriar-se dos créditos e fichas dos utilizadores.

2.   **Transacções de pagamento e levantamentos de dinheiro.** As caixas multibanco estão ligadas através de redes privadas. Isto torna mais fácil para os atacantes entrarem em ligações que dependem de encriptação de chave pública e utilizarem os mesmos locais aplicáveis à banca online ou móvel para forjar transacções.

3.   **Privacidade entre empresas.** As redes empresariais ponto-a-ponto também utilizam a encriptação de chave pública para criar canais seguros,

autenticar e autorizar a troca de dados entre empresas. Ao comprometer esses canais, os atacantes teriam acesso total a informações que, uma vez capturadas, lhes permitiriam pontos de entrada fáceis para invadir as redes internas das empresas, fazendo-se passar por utilizadores ou servidores através de ataques man-in-the-middle. Ao falsificar certificados, por exemplo, os atacantes poderiam adicionar os seus próprios recursos à rede da empresa. Outra forma de ataque pode ser registar dados encriptados disponíveis agora e desencriptá-los quando um computador quântico estiver disponível, permitindo-lhes revelar segredos comerciais actuais no futuro, por exemplo.

4.   **Comunicações VPN.** As ligações VPN são utilizadas pelo pessoal das instituições financeiras para trabalhar a partir de casa e para aceder a recursos internos e sensíveis da organização. Essas ligações utilizam normalmente a cifragem de chave pública para autenticar as empresas e as estações de trabalho, o que seria vulnerável aos mesmos problemas que as ligações empresa-a-empresa.

Outras aplicações que dependem da criptografia de chave pública incluem activos digitais populares baseados em cadeias de blocos, como a Bitcoin ou a Ethereum, e aplicações Web protegidas por palavra-passe. O mais conhecido destes protocolos é o HTTPS, utilizado por 96% dos sítios Web da Internet (Relatório Google, 2020). Por conseguinte, a computação quântica constitui uma ameaça existencial para muitos sectores de atividade que dependem da criptografia assimétrica para as suas operações quotidianas.

Embora a capacidade de utilizar chaves mais longas torne a encriptação simétrica e o hashing quânticos seguros atualmente, não são imunes a novos avanços na computação quântica. À medida que o domínio da computação quântica se torna amplamente investigado e compreendido, surgem continuamente novos esquemas e algoritmos. O algoritmo de Shor, por exemplo, foi melhorado várias vezes desde a sua criação, principalmente para reduzir os seus requisitos de processamento. São criados novos algoritmos e análises que reduzem significativamente a capacidade de hardware quântico necessária para resolver problemas que ultrapassam o domínio dos supercomputadores clássicos. É, por conseguinte, razoável supor que, à medida que a investigação avança, serão descobertos novos algoritmos que visam a criptografia simétrica avançada e as funções de hashing criptográfico actuais, tornando-as obsoletas, como no caso da criptografia de chave pública.

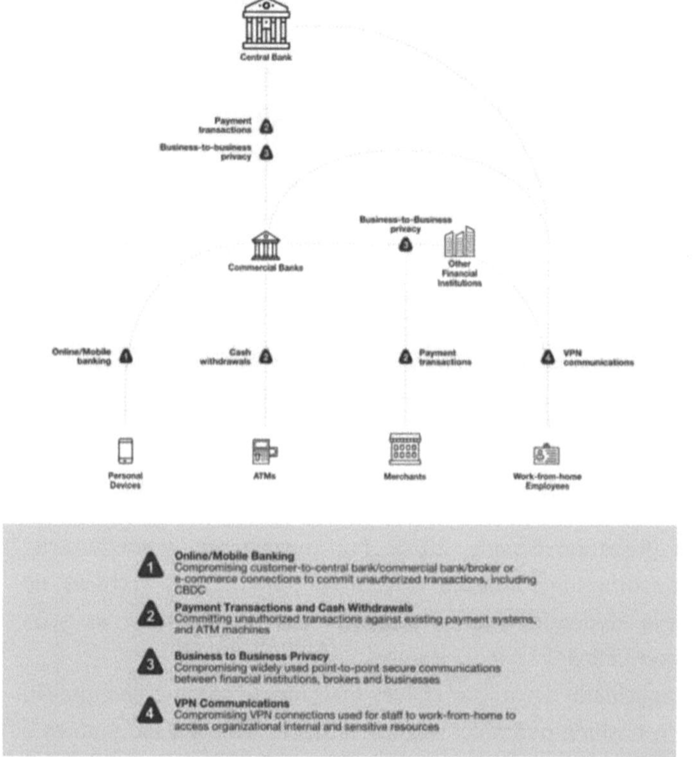

Figura 2: Computação quântica: Riscos seleccionados para o sector financeiro

5 Capítulo: Riscos e atenuações

Dado o risco significativo que um computador quântico de grandes dimensões e tolerante a falhas representa para a cibersegurança, é crucial que consideremos agora toda a gama de implicações, a fim de atenuar os potenciais danos. Há quatro formas principais de os computadores quânticos poderem ser explorados para minar a cibersegurança:

1. **A informação interceptada** no passado, se for registada e armazenada corretamente, pode ser desencriptada no futuro por computadores quânticos. Este é um risco inevitável que existe atualmente - os actores estatais ou os criminosos podem recolher dados encriptados na esperança de que os avanços futuros lhes permitam desencriptá-los mais tarde. Existem formas limitadas de proteção contra a pré-captura de dados. A migração das aplicações para a encriptação resistente ao quantum o mais rapidamente possível ajudará a mitigar este risco.

2. **As organizações** que não avaliarem os seus riscos e não migrarem atempadamente para a encriptação resistente ao quantum serão susceptíveis à insegurança sistémica dos dados. Este risco é sistémico devido à natureza hiperconectada do ecossistema digital. À medida que a conetividade se torna mais onipresente, uma maior quantidade de dados, comunicações e serviços críticos depende da segurança dos nossos sistemas. Além disso, uma maior interdependência agrava o risco de os incidentes que ocorrem numa parte do ecossistema poderem afetar as organizações do outro lado. Temos de garantir que a segurança dos nossos sistemas atravessa os processos de ponta a ponta, as cadeias de abastecimento e as infra-estruturas partilhadas, a fim de desenvolver a resiliência face à ameaça crescente dos computadores quânticos.

3. **As organizações** que procrastinam e depois se apressam a migrar para a encriptação resistente ao quantum serão provavelmente vulneráveis a falhas de conceção e implementação em todas as plataformas de TI, criando erros que podem ser explorados por piratas informáticos sem computadores quânticos. As organizações devem avaliar proactivamente as vulnerabilidades quânticas e desenvolver um plano

de transição para a encriptação resistente ao quantum.

4. **Sem uma comunicação clara** sobre os nossos preparativos para os riscos de cibersegurança da computação quântica, a confiança no ecossistema digital continuará a diminuir. Os planos de preparação para a computação quântica das entidades dos sectores público e privado e uma orientação federal clara sobre a transição para a encriptação resistente à computação quântica ajudariam a mitigar este risco.

5.1 Desenvolvimento da computação quântica

As previsões sobre o calendário dos avanços da computação quântica variam consideravelmente. Há uma série de desafios de engenharia que ainda têm de ser ultrapassados, o que torna difícil prever quando é que poderemos concretizar o potencial teórico dos computadores quânticos. De um modo geral, os peritos estimam que os computadores quânticos tolerantes a falhas de grandes dimensões estão a mais de uma década de distância, enquanto outras aplicações de pequenos computadores quânticos poderão tornar-se práticas dentro de uma década.[1718]

Há, nomeadamente, várias formas de construir computadores quânticos, cada uma com os seus próprios desafios e oportunidades de aumento de escala. As abordagens de iões aprisionados e de supercondutores têm sido as mais bem sucedidas na obtenção de computadores quânticos de demonstração de pequena dimensão, embora continuem a ser exploradas outras tecnologias para criar qubits físicos. Dada a fase inicial da investigação sobre estas abordagens, ainda não se sabe se uma delas é a melhor, ou se várias se revelarão plausíveis para diferentes aplicações.

5.1.1 Curto prazo

É de esperar que o custo da correção quântica de erros dificulte a construção de algo mais do que computadores quânticos ruidosos de escala intermédia (NISQ) num futuro próximo. Os computadores NISQ, que ficaram disponíveis em 2017, são considerados ruidosos devido às suas taxas de erro, mas são suficientemente estáveis para efetuar um cálculo antes de perderem a coerência. Não se sabe ao certo quais são as aplicações práticas dos computadores NISQ, uma vez que os computadores clássicos podem frequentemente efetuar os mesmos cálculos com menos recursos.

5.1.2 Médio prazo

Os investigadores e as empresas estão a aumentar rapidamente o número de qubits que os seus computadores quânticos podem suportar. Na próxima década, é provável que assistamos ao aparecimento de pequenos computadores quânticos contendo dezenas de qubits com correção de erros, também conhecidos como qubits lógicos, ou várias centenas de qubits sem correção de erros. As aplicações mais promissoras destes dispositivos são nos domínios da química quântica, da aprendizagem automática quântica e da otimização quântica.

5.1.3 Longo prazo

Os computadores quânticos de grande dimensão e tolerantes a falhas representam a promessa da tecnologia quântica. Estes computadores quânticos terão uma taxa de erro suficientemente baixa e um número suficiente de qubits lógicos para fazer coisas muito para além do alcance dos computadores clássicos, incluindo a simulação da física ou da química, a ciência dos materiais, a aprendizagem automática e a quebra de encriptação de chaves públicas.

5.2 Oportunidades quânticas para a cibersegurança

Para além das ameaças que a computação quântica representa para os sistemas criptográficos de chave pública, existem outras oportunidades que esta pode oferecer para ajudar a reduzir as ciberameaças. Por exemplo, os avanços na aprendizagem automática podem reduzir drasticamente o perfil da ameaça e melhorar a latência na redução da vulnerabilidade. Além disso, as melhorias nos algoritmos relacionados com a investigação operacional podem conduzir a métodos mais rápidos de atualização, correção e verificação que, por sua vez, podem reduzir as janelas de ataque. Por último, os peritos consideram geralmente que é provável que sejam descobertos futuros algoritmos quânticos com um impacto substancial nestes domínios. Assim, é essencial que as organizações estejam "sensibilizadas para o quantum" para garantir a aplicação atempada desses resultados a tarefas relevantes para a missão.

Panorama do estado atual da investigação e desenvolvimento

Lei da Iniciativa Quântica Nacional de 2018: Estabeleceu um programa federal coordenado para acelerar a investigação e o desenvolvimento quânticos com um financiamento de 1,275 mil milhões de dólares ao longo de cinco anos. Atribuiu funções específicas ao Instituto Nacional de Normas e Tecnologia (NIST), ao Departamento de Energia e à Fundação Nacional de Ciência. Estabeleceu também responsabilidades para o Subcomité do Conselho Nacional de Ciência e Tecnologia para a Ciência da Informação Quântica, o Gabinete Nacional de Coordenação Quântica e o Comité Consultivo da Iniciativa Quântica Nacional. Em particular, as despesas em 2019 e 2020 excederam o orçamento exigido pelo Congresso, reflectindo a prioridade dos EUA para aumentar a investigação e o desenvolvimento quânticos.[20]

Lei de Autorização de Defesa Nacional (NDAA): Autorização adicional para pesquisa relacionada ao quantum foi fornecida no NDAA desde o FY2019. O NDAA de 2021 requer uma avaliação abrangente e recomendações sobre as ameaças e riscos atuais e potenciais representados pelas tecnologias de computação quântica para sistemas críticos de segurança nacional. Ele também instruiu o Escritório de Política de Ciência e Tecnologia a apresentar um plano para dobrar os investimentos básicos em ciência da informação quântica até 2022.

Vários outros países anunciaram recentemente investimentos significativos em investigação e desenvolvimento no domínio da quântica:

• A UE avançou rapidamente na criação da sua iniciativa emblemática Quantum da UE, um projeto lançado em 2018 para apoiar o desenvolvimento da tecnologia quântica com mil milhões de euros (1,2 mil milhões de dólares) ao longo de dez anos.[21]

• Em 2020, a Alemanha comprometeu-se a gastar 2 mil milhões de euros (2,4 mil milhões de dólares) do fundo de recuperação da pandemia do país em investigação quântica.[22]

• Em 2020, a Índia criou uma Missão Nacional sobre Tecnologias e Aplicações Quânticas com 80000 crore INR (1,12 mil milhões de dólares) ao longo de cinco anos.

• Em 2021, a França comprometeu-se a triplicar os seus investimentos em quantum e a gastar 1,8 mil milhões de euros (2,15 mil milhões de dólares) nos próximos cinco anos.

• A China está a gastar 10 mil milhões de dólares no Laboratório Nacional de Ciências da Informação Quântica.

O sector privado está a liderar o caminho na criação de centros de investigação, na construção de hardware e software e na realização de avanços na engenharia. Mais informações sobre desenvolvimentos de colaboração público-privada podem ser encontradas aqui.

• As grandes empresas tecnológicas, como a Amazon, a Google, a IBM, a Microsoft e a Honeywell, investiram fortemente na computação quântica. Procuraram também estabelecer parcerias com colaboradores académicos e potenciais clientes de outras indústrias na busca de aplicações reais de computadores quânticos.

• Empresas mais pequenas, como a D-Wave Systems, a IonQ, a Cambridge Quantum Computing, a QC Ware e a 1QB Information Technologies, e a Rigetti representam a primeira vaga de empresas que estão a desenvolver o hardware, o software, as ferramentas e os serviços necessários para a computação quântica comercial.

- O mercado da computação quântica, que era de 472 milhões de dólares em 2021, deverá atingir 1,765 mil milhões de dólares até 2026.

5.3 Roteiro: Uma agenda de ação para fazer avançar a cibersegurança na era quântica

5.3.1 Governo

1 Continuar a fazer avançar a investigação no domínio da computação quântica

Em 2018, a Lei da Iniciativa Quântica Nacional autorizou um financiamento de 1,275 mil milhões de dólares para os próximos cinco anos. Será necessário um financiamento consistente e significativo dos esforços de investigação dos sectores público e privado para construir o hardware, o software e os algoritmos subjacentes aos computadores quânticos. Se a investigação sobre computação quântica a curto prazo não for bem sucedida em termos comerciais, o papel do governo no financiamento dos avanços neste domínio tornar-se-á mais essencial. A estreita colaboração entre os sectores público e privado continuará a ser importante para a transferência de conhecimentos e tecnologias necessária à investigação e desenvolvimento quânticos pré-competitivos.

2. Continuar a reforçar a cooperação internacional

Para além do financiamento, uma componente essencial do avanço da computação quântica é a colaboração contínua com outros países que estão a investir na quântica. A Visão Geral Estratégica Nacional para Ciência da Informação Quântica destaca a importância de acordos bilaterais para apoiar projetos conjuntos, bem como o fluxo internacional de capital, conhecimento e talento. [27]Nomeadamente, em 2019, os EUA e o Japão assinaram a Declaração de Tóquio sobre Cooperação Quântica, o primeiro acordo diplomático bilateral relativo à cooperação em ciência da informação quântica. [28]Os investimentos dos EUA em pesquisa e desenvolvimento tecnológico se beneficiarão do envolvimento contínuo e da abertura com outras nações em esforços cooperativos para o avanço da computação quântica. O debate em torno de normas e padrões internacionais tem sido limitado, mas vozes do sector privado e do meio académico começaram a insistir numa abordagem mais abrangente para a construção e utilização da tecnologia quântica, com considerações éticas e orientações normalizadas.[29]

Além disso, é necessária uma colaboração internacional para enfrentar e atenuar as ameaças quânticas. A transição para a encriptação resistente ao quantum colocará desafios a muitos países, em especial aos que dispõem de menos capacidades e recursos em matéria de cibersegurança. As iniciativas internacionais que promovem a partilha de informações, a educação e a formação ajudarão a melhorar a resiliência global do ecossistema cibernético. Sem um esforço de preparação global, a natureza interligada das infra-estruturas críticas e das cadeias de abastecimento aumentará ainda mais a vulnerabilidade dos EUA à perturbação e exploração por ciberactividade maliciosa.

3. Avaliar as vulnerabilidades quânticas

Na NDAA do AF21, o Congresso dá instruções ao Departamento de Defesa para "avaliar exaustivamente os riscos e ameaças colocados pelas tecnologias quânticas aos sistemas de segurança nacional, bem como as estratégias, planos e investimentos necessários para atenuar os riscos para esses sistemas".[30] Isto deve incluir os seguintes componentes:

A. a identificação e a definição de prioridades dos sistemas críticos de segurança nacional em risco;

B. uma avaliação das normas do NIST para criptografia resistente ao quantum e sua aplicação aos requisitos criptográficos do Departamento de Defesa;

C. uma avaliação da viabilidade de algoritmos e características alternativos de resistência quântica;

D. uma descrição de eventuais défices de financiamento dos esforços de desenvolvimento públicos e privados relacionados com a criptografia, as normas e os modelos resistentes ao quantum; e

E. elaborar recomendações para as actividades de investigação, desenvolvimento e aquisição, incluindo os calendários de atribuição de recursos, a fim de proteger os sistemas críticos de segurança nacional contra as capacidades de quebra de código da computação quântica.

Este processo de avaliação de risco é importante para o Departamento de Defesa, mas também deve ser aplicado a outros departamentos e agências governamentais. Em março de 2021, o Government Accountability Office (GAO) publicou um relatório sobre a necessidade urgente de o governo federal enfrentar os grandes desafios da cibersegurança, incluindo o risco da computação quântica. O GAO apela ao Departamento de Segurança Interna e ao Gabinete de Gestão e Orçamento para desenvolver iniciativas para melhorar as capacidades das agências para gerir os riscos cibernéticos. [31]O governo federal deve investir tempo e recursos para identificar e dar prioridade às actividades necessárias para melhorar a compreensão das vulnerabilidades e migrar para uma encriptação resistente ao quantum. Isto pode incluir acções legislativas e executivas para fornecer aos Directores de Tecnologia (CTO) federais a autorização e os recursos necessários para avaliar estes riscos.

Indústria espacial

A exploração espacial e a indústria estão a procurar beneficiar grandemente de várias tecnologias quânticas, incluindo a metrologia e a deteção quânticas. Há também um interesse significativo na utilização da distribuição de chaves quânticas (QKD) para proteger as comunicações quânticas.

Em particular, a China investiu uma quantidade significativa de investigação e desenvolvimento no QKD baseado no espaço como uma área primária de investigação. Em 2016, a China lançou o satélite Micius, que transmitiu com êxito fotões emaranhados entre o satélite e várias estações terrestres.

Embora o QKD não seja provavelmente um método que possa ser amplamente utilizado, oferece algumas vantagens para informações seguras a muito longo prazo. Devido às propriedades de sobreposição e emaranhamento, a observação de um estranho perturbará o estado quântico, dando ao QKD uma capacidade integrada de detetar intrusões. É importante notar que a QKD não garantirá uma segurança completa das comunicações espaciais, pois há uma série de outros vectores de intrusão que podem criar vulnerabilidades (ver caixa na página 8). Independentemente disso, as futuras experiências de investigação com QKD baseada no espaço farão avançar a compreensão de como construir redes quânticas comprovadamente seguras.

4. Aprovar legislação e aplicar políticas destinadas a recrutar, desenvolver e reter melhor os cibercompetentes.

Sem um investimento estratégico na educação e no cultivo de uma futura força de trabalho, os EUA enfrentarão em breve uma grande escassez de competências no domínio da ciência da informação quântica. Para além dos investigadores técnicos, há necessidade de trabalhadores informados sobre a quântica para desenvolver a cadeia de abastecimento e as infra-estruturas operacionais necessárias para apoiar a indústria. Uma vez desenvolvido um computador quântico de grandes dimensões e tolerante a falhas, haverá uma corrida à construção e utilização de computadores quânticos e ao desenvolvimento de aplicações comerciais. Devido à variedade de aplicações de um computador quântico, precisaremos de trabalhadores qualificados em muitas disciplinas, incluindo física, engenharia, matemática aplicada, ciência dos materiais e informática. Esta melhoria das competências quânticas deve abranger vários níveis de ensino e formação - desde programas do ensino básico e secundário, a programas curriculares a nível de licenciatura e pós-graduação, até à formação dos actuais funcionários. Foram criados vários programas, incluindo a Parceria Nacional de Educação Q-12, para colmatar esta lacuna de competências, mas será necessário um financiamento sustentado para desenvolver uma reserva de mão de obra estável.

5. Incentivar a adoção em larga escala de novas normas de cifragem.

O Projeto de Criptografia Pós-Quantum do NIST está a trabalhar no sentido da normalização da encriptação de chave pública resistente ao quantum. Será crucial fornecer financiamento e apoio para que o NIST continue a concentrar-se no desenvolvimento e implementação de novas normas. Estas normas representam controlos das melhores práticas de segurança para ajudar as organizações a gerir e reduzir os riscos, e são normalmente seguidas por entidades dos sectores público e privado. Um exemplo de uma norma do NIST amplamente adoptada é a Estrutura de Cibersegurança do NIST, que estabelece a forma como as organizações podem prevenir, detetar e responder a ciberataques.

Quando o atual processo de normalização estiver concluído, haverá uma necessidade urgente de implementar rapidamente a nova norma nos sistemas de segurança da informação dos sectores público e privado. Substituir as normas antigas será um grande desafio, dado o facto de estarem integradas em todas as plataformas e dispositivos. Foram necessárias quase duas décadas para implantar a nossa moderna infraestrutura de chaves públicas, o que indica que será necessário um esforço significativo para garantir que esta transição seja eficiente e abrangente.

As agências governamentais devem começar a preparar-se para fazer a transição das comunicações e dados encriptados para novas normas de criptografia resistentes ao quantum e exigir que os parceiros comerciais críticos façam o mesmo. Uma campanha de comunicação sobre a próxima transição - talvez liderada por uma coligação do NIST, CISA e outros - pode também ajudar a sensibilizar as empresas para as medidas preliminares que podem tomar em antecipação da transição. Além disso, os governos e reguladores federais e estaduais devem considerar o nível em que os requisitos devem ser implementados para garantir que os riscos para a infraestrutura crítica e o bem público sejam suficientemente abordados.

6. Reunir especialistas em segurança, computação quântica, governo e sector privado para determinar de que forma o impacto da computação quântica na cibersegurança afectará o ecossistema digital.

Outras recomendações sublinham a importância de as agências governamentais e as empresas avaliarem os seus riscos individuais e fazerem a transição para uma encriptação resistente ao quantum. Estas acções são necessárias, mas não suficientes. Com a crescente escala, complexidade e interdependências do ecossistema digital, as ameaças são sistémicas e devem ser abordadas de forma sistémica. A atenuação isolada deixa lacunas e vulnerabilidades - o sistema deve ser reforçado em todos os processos de ponta a ponta, cadeias de abastecimento e infra-estruturas partilhadas. O governo deve reunir os principais intervenientes neste espaço para examinar os riscos distribuídos e sistémicos da computação quântica. Estas discussões devem lançar as bases para o desenvolvimento de novos quadros de governação e modelos de incentivos que melhorem a resiliência do ecossistema.

5.3.2 Negócios

5.4. Participar em colaborações intersectoriais para abordar o impacto da computação quântica na cibersegurança.

Tal como referido em recomendações anteriores, a colaboração é crucial para enfrentar os riscos sistémicos que a computação quântica representa. A partilha de informações no sector privado e entre os sectores público e privado ajudará a reforçar a capacidade colectiva do ecossistema para criar atenuações na conceção e implantação de tecnologias relacionadas com o quantum. Além disso, esta colaboração pode informar o desenvolvimento de capacidades defensivas que podem ser necessárias se um adversário utilizar a tecnologia de computação quântica contra os interesses dos EUA.

5.5 Avaliar as vulnerabilidades quânticas

Dada a extensão em que a sociedade depende de sistemas criptográficos modernos de chave pública para comunicações, dados e transacções digitais, as empresas precisam de avaliar os seus processos e infra-estruturas existentes para dar prioridade às ameaças e vulnerabilidades. À semelhança do processo a nível governamental acima referido, as empresas devem investir tempo e recursos numa avaliação do risco quântico. Os elementos desta avaliação podem sobrepor-se ao planeamento da cibersegurança que as empresas já fazem, incluindo a compreensão da natureza da sua informação sensível, o controlo de acesso e os acordos de partilha de dados, os processos de cópia de segurança e recuperação e os procedimentos de fim de vida. As empresas devem também considerar a sua dependência das medidas de cibersegurança dos vendedores e fornecedores como parte da sua avaliação de risco.

5.6 Preparar a transição para a encriptação resistente à quântica

Quando o NIST tiver validado as normas para a encriptação resistente ao quantum, as empresas terão de agir rapidamente para migrar os processos e as comunicações empresariais para as novas normas criptográficas. Para tal, é necessário um trabalho prévio para que as organizações articulem os seus planos de preparação para o quantum. Esta preparação deve ocorrer nos próximos 12 a 24 meses, em preparação para os projectos de normas, que são esperados entre 2022 e 2024. Uma vez estabelecido um plano de preparação quântica, as empresas podem atualizar o plano anualmente para mostrar como estão a atingir os principais marcos. Isto implicará inevitavelmente o envolvimento dos seus fornecedores e dos fornecedores dos seus fornecedores ao longo de toda a cadeia de abastecimento. O planeamento e o orçamento para esta transição serão complicados, mas necessários para garantir a resiliência e a segurança das empresas.

5.7 Reforçar a segurança da computação em nuvem

Dada a natureza dos computadores quânticos (necessidade de ambientes bem controlados, elevado custo de desenvolvimento e manutenção), é provável que a maior parte do processamento da computação quântica seja efectuada através da computação em nuvem. Uma implicação secundária é que os clientes da tecnologia de computação em nuvem terão também mais probabilidades de serem os primeiros utilizadores da computação quântica. Os fornecedores de serviços de computação em nuvem poderão ter de desenvolver novas abordagens de segurança para criar confiança junto de potenciais clientes empresariais. Existem formas teorizadas, por exemplo, a encriptação homomórfica quântica[36] , para garantir que o fornecedor de serviços de computação em nuvem não conheça nem o programa nem os dados.[37]

Quantum e Nuvem

Atualmente, os computadores quânticos são grandes, caros e difíceis de construir e manter. Este facto tornará improvável a existência de computadores quânticos no local num futuro próximo. Em vez disso, as utilizações comerciais dos computadores quânticos serão permitidas através da nuvem, com um terceiro a controlar o acesso à potência e aos algoritmos da computação quântica.

O valor crescente das infra-estruturas e recursos partilhados alarga a superfície de ataque das ciberameaças. Estas ameaças surgirão muito antes da criação de grandes computadores quânticos tolerantes a falhas. Os atacantes não precisarão de um computador quântico para quebrar a sua encriptação, mas poderão roubar as credenciais que protegem o seu acesso aos serviços quânticos em nuvem. Os ataques de negação de serviço distribuído (DDoS) também podem pôr em risco a sua organização ou os seus dados. A segurança da computação quântica baseada na nuvem não é substancialmente diferente da segurança de outros serviços de nuvem. Uma vez que o envio de dados para a nuvem depende atualmente da encriptação de chave pública, os fornecedores de nuvem terão de ser dos primeiros a implementar a encriptação resistente à quântica.

5.8 Apoiar os investimentos em infra-estruturas

Os computadores quânticos requerem componentes de elevado desempenho, equipamento especializado, materiais raros e capacidades de fabrico. A falta de componentes e infra-estruturas suficientes constituirá um obstáculo ao avanço da investigação a curto prazo, bem como à capacidade de aumentar o desenvolvimento e a adoção de computadores quânticos. O sector privado, em especial as grandes empresas tecnológicas, as empresas de capital de risco e a comunidade de empresas em fase de arranque, terá de identificar e investir nas lacunas das infra-estruturas quânticas. A participação em iniciativas como o Quantum Economic Development Consortium (QED-C) é também uma componente importante da colaboração intersectorial necessária para fazer crescer a economia quântica.

Sector dos serviços financeiros

Espera-se que o sector dos serviços financeiros seja um dos primeiros a adotar a computação quântica e a beneficiar da capacidade dos computadores quânticos para resolver problemas de otimização aplicados a áreas como a gestão de riscos e a modelização financeira. Várias empresas estão a explorar as potenciais aplicações da computação quântica. A Goldman Sachs, a Wells Fargo, a JPMorgan e outras empresas estabeleceram uma parceria com a IBM para experimentar a sua rede Q e explorar casos de utilização como a fixação de preços de opções. [39] A Toshiba anunciou recentemente uma iniciativa para testar a criptografia quântica no sector financeiro.[40]

Ao mesmo tempo, as empresas de serviços financeiros são alvo frequente de ciberataques e, pela natureza das suas actividades, serão vulneráveis à capacidade dos computadores quânticos para quebrar a criptografia de chave pública. Os processos que garantem a confidencialidade e a autenticidade das transacções financeiras estarão em risco de falhar. Dada a complexidade do sector dos serviços financeiros, as empresas devem preparar-se desde já para a transição para a encriptação resistente ao quantum.

5.9 Preparar o futuro

A computação quântica oferece possibilidades interessantes para o futuro da ciência, dos cuidados de saúde, da aprendizagem automática e das comunicações, mas a importância de manter a segurança do nosso ambiente cibernético é primordial. Com o progresso da tecnologia quântica, as redes que utilizamos tornar-se-ão mais complexas com a integração de dispositivos e ligações clássicos e quânticos. É crucial prevermos as ameaças e oportunidades que a quântica trará ao nosso panorama de computação e comunicação.

Em particular, o governo e as empresas têm pela frente uma tarefa difícil para se prepararem e estabelecerem prioridades para as ameaças à cibersegurança que os computadores quânticos de grande escala e tolerantes a falhas trarão. Não podemos perder tempo no desenvolvimento e adoção de uma cifragem resistente ao quantum.

6. Referências

Allen, Bryce D. 2008. "Implementing several attacks on plain ElGamal encryption."- Graduate Theses and Dissertations, 11535. Mimeo disponível em https://lib.dr.iastate.edu/etd/11535.

Anschuetz, E., Olson, J., Aspuru-Guzik, A. e Cao, Y. 2019. "Factorização quântica variacional". No Workshop Internacional sobre Tecnologia Quântica e Problemas de Otimização (pp. 74-85). Springer, Cham.

Arute, F., Arya, K., Babbush, R. et al., 2019. "Supremacia quântica usando um processador supercondutor programável." - Nature 574, 505-510. https://www.nature.com/articles/s41586-019-1666-5tfciteas.

Bertoni Guido, Joan Daemen, Michaël Peeters e Gilles Van Assche. 2007. "Sponge Functions."- ECRYPT Hash Workshop 2007, https://www.researchgate.net/publication/242285874_Sponge_Functi ons.

Biryukov Alex, Orr Dunkelman, Nathan Keller, Dmitry Khovratovich, Adi Shamir. 2010. "Key Recovery Attacks of Practical Complexity on AES-256 Variants with up to 10 Rounds."-Advances in Cryptology - EUROCRYPT 2010, pp 299-319. https://link.springer.com/chapter/10.1007/978-3- 642-13190-5_15.

Boaron Alberto, Gianluca Boso, Davide Rusca, C'edric Vulliez, Claire Autebert, Misael Caloz, Matthieu Perrenoud, Ga "etan Gras, F'elix Bussi'eres, Ming-Jun Li, Daniel Nolan, Anthony Martin e Hugo Zbinden. 2018. "Distribuição segura de chaves quânticas em 421 km de fibra ótica." - 9 de julho de 2018. Mimeo disponível em https://arxiv.org/pdf/1807.03222.pdf.

Bouland, Adam, Wim van Dam, Hamed Joorati, Iordanis Kerenidis, Anupam Prakash. 2020. "Perspectivas e desafios do financiamento quântico": https://arxiv.org/pdf/2011.06492.pdf
Burr William e Kathy Lyons-Burke. 1999. "Public Key Infrastructures for the Financial Services Industry" (Infra-estruturas de chave pública para o sector dos serviços financeiros). Mimeo. Instituto Nacional de Normas e Tecnologia.

Cade, Chris, Lana Mineh, Ashley Montanaro e Stasja Stanisic. 2020. Estratégias para resolver o modelo de Fermi-Hubbard em computadores quânticos de curto prazo. Physical Review B.

CISA. 2019. "Understanding Encryption."-CISA, agosto de 2019. Mimeo disponível   em https://www.nd.gov/itd/sites/itd/files/legacy/alliances/siec/CISA%20E ncryption%2028AUG1 9.pdf
CMU. 2014: "OpenSSL TLS heartbeat extension read overflow discloses sensitive information."-por CERT Coordination Center. Mimeo disponível em https://www.kb.cert.org/vuls/id/720951/.

Diffie Whitfield e Martin Hellman. 1976. "New Directions in Cryptography."-IEEE TRANSACTIONS ON INFORMATION THEORY, VOL. IT-22, NO. 6, NOVEMBRO 1976. https://ee.stanford.edu/~hellman/publications/24.pdf.

De Feo Luca, David Jao e Jerome Plut. 2011. "Towards QuantumResistant Cryptosystems from Supersingular Elliptic Curve Isogenies."- Mimeo disponível em https://eprint.iacr.org/2011/506.pdf.

Dobraunig Christoph, Maria Eichlseder e Florian Mendel. 2016. "Analysis of SHA512/224 and SHA-512/256."-Advances in Cryptology-ASIACRYPT 2015, pp 612-630, https://link.springer.com/chapter/10.1007%2F978-3-662-48800-3_25.

Dooley, J.F. 2018. "History of Cryptography and Cryptanalysis. Códigos, cifras e seus algoritmos,"-Springer.

Glenn Durfee. 2002. "Cryptanalysis of RSA Using Algebraic and Lattice Methods."- Universidade de Stanford. Mimeo disponível em http://theory.stanford.edu/~gdurf/durfee-thesisphd.pdf.

EFF. 1998. "Cracking DES: Secrets of Encryption Research, Wiretap Politics, and Chip Design."-The Electronic Frontier Foundation (EFF), distribuído por O'Reilly & Associates, inc. https://archive.org/details/crackingdes00elec.

Egger D. J. et al. 2020. "Computação Quântica para Finanças: State-of-the-Art and Future Prospects", em IEEE Transactions on Quantum Engineering, vol. 1, pp. 1-24, 2020, Art no. 3101724, doi: 10.1109/TQE.2020.3030314.

Macmillan. 1971. "The Born-Einstein Letters: Correspondência entre Albert Einstein e Max e Hedwig Born de 1916-1955, com comentários de Max Born". -Macmillan, 1971.

El Gamal Taher.1985. "A Public Key Cryptosystem and a Signature Scheme

Based on Discrete Logarithms."- IEEE Transactions on Information Theory, Volume: 31, Issue: 4 , Jul 1985, https://ieeexplore.ieee.org/document/1057074.

ETSI. 2015: "Quantum Safe Cryptography and Security. An introduction, benefits, enablers and challenges."-European Telecommunications Standards Institute, ETSI White Paper No. 8, June 2015. Mimeo disponível em https://www.etsi.org/images/files/ETSIWhitePapers/QuantumSafeWhit epaper.pdf.

ETSI. 2017. "Quantum-Safe Cryptography; Quantum-Safe threat assessment."-European Telecommunications Standards Institute, relatório de grupo, março de 2017. Mimeo disponível em https://www.etsi.org/deliver/etsi_gr/QSC/001_099/004/01.01.01_60/g r_QSC004v010101p.p df.

ETSI. 2020. "CYBER; Estratégias de migração e recomendações para esquemas de segurança quântica". Disponível em: https://www.etsi.org/deliver/etsi_tr/103600_103699/103619/01.01.0 1_60/tr_103619v010101 p.pdf

Ferguson, Niels. 1999. "Impossible differentials in Twofish."-Twofish Technical Report #5, 19 de outubro de 1999. Mimeo disponível em https://www.schneier.com/academic/paperfiles/paper-twofish-impossible.pdf.

Galbraith et. al. 2016. Steven D. Galbraith, Christophe Petit, Barak Shani, e Yan Bo Ti, "On the Security of Supersingular Isogeny Cryptosystems."-Advances in Cryptology - ASIACRYPT2016 , pp 63-91, https://link.springer.com/chapter/10.1007%2F978-3-66253887-6_3.

Relatório Google. 2020. "Encriptação HTTPS na Web."-Relatório de Transparência da Google. Mimeo disponível em https://transparencyreport.google.com/https/overview2hhen.

Lei Gramm-Leach-Bliley. 1999. Lei de Modernização dos Serviços Financeiros de 1999, https://www.ftc.gov/tips-advice/business-center/privacy-and- security/gramm-leach-blileyact.

RGPD. Regulamento Geral sobre a Proteção de Dados, 2018. https://gdpr-info.eu/.

Gidney Craig e Martin Eker. 2019. "Como fatorizar números inteiros RSA de 2048 bits em 8 horas utilizando
20 milhões de qubits ruidosos."-6 de dezembro de 2019. Mimeo disponível em https://arxiv.org/pdf/1905.09749.pdf.

Grassl Markus, Brandon Langenberg, Martin Roetteler e Rainer Steinwandt. 2015. "Aplicação do algoritmo de Grover ao AES: estimativas de recursos quânticos." Mimeo disponível em https://arxiv.org/pdf/1512.04965.pdf.

Heninger, Nadia. 2015. "How Diffie-Hellman Fails in Practice."-Apresentação disponível em https://simons.berkeley.edu/talks/nadia-heninger-2015-07-07.

Kothari, Robin. 2020. "Acelerações quânticas para problemas não estruturados: Resolver dois problemas com vinte anos". Blogue da Microsoft Research: https://www.microsoft.com/en-us/research/blog/quantum-speedups- for-unstructuredproblems-solving-two-twenty-year-problems/

Johnson Don, Alfred Menezes e Scott Vansto. 2001. "The Elliptic Curve Digital Signature Algorithm (ECDSA)."-Mimeo disponível em https://www.cs.miami.edu/home/burt/learning/Csc609.142/ecdsa-cert.pdf.

Lazar David, Haogang Chen, Xi Wang e Nickolai Zeldovich. 2014. "Porque é que o software criptográfico falha? Um estudo de caso e problemas em aberto."- MIT CSAIL. Mimeo disponível em https://people.csail.mit.edu/nickolai/papers/lazar-cryptobugs.pdf.

Lenstra Arjen, Xiaoyun Wang e Benne de Weger. 2005. "Cryptology ePrint Archive: Report 2005/067."-Mimeo disponível em https://eprint.iacr.org/2005/067.

Martinis John e Sergio Boixo. 2019. "Supremacia quântica usando um processador supercondutor programável". Blogue do Google AI: https://ai.googleblog.com/2019/10/quantum-supremacy-using-programmable.html.

More
Books!

info@omniscriptum.com
www.omniscriptum.com

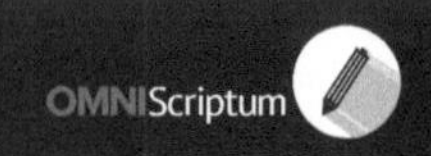

OMNIScriptum

Printed by Books on Demand GmbH, Norderstedt / Germany